Impressum

Verlag: BABADADA GmbH, Nedderfeld 112 , 22529 Hamburg

Geschäftsführer / Verlagsleitung: Harald Hof

Druck: Books on Demand GmbH, In de Tarpen 42, 22848 Norderstedt

Imprint

Publisher: BABADADA GmbH, Nedderfeld 112 , 22529 Hamburg, Germany

Managing Director / Publishing direction: Harald Hof

Print: Books on Demand GmbH, In de Tarpen 42, 22848 Norderstedt, Germany

学校

escola

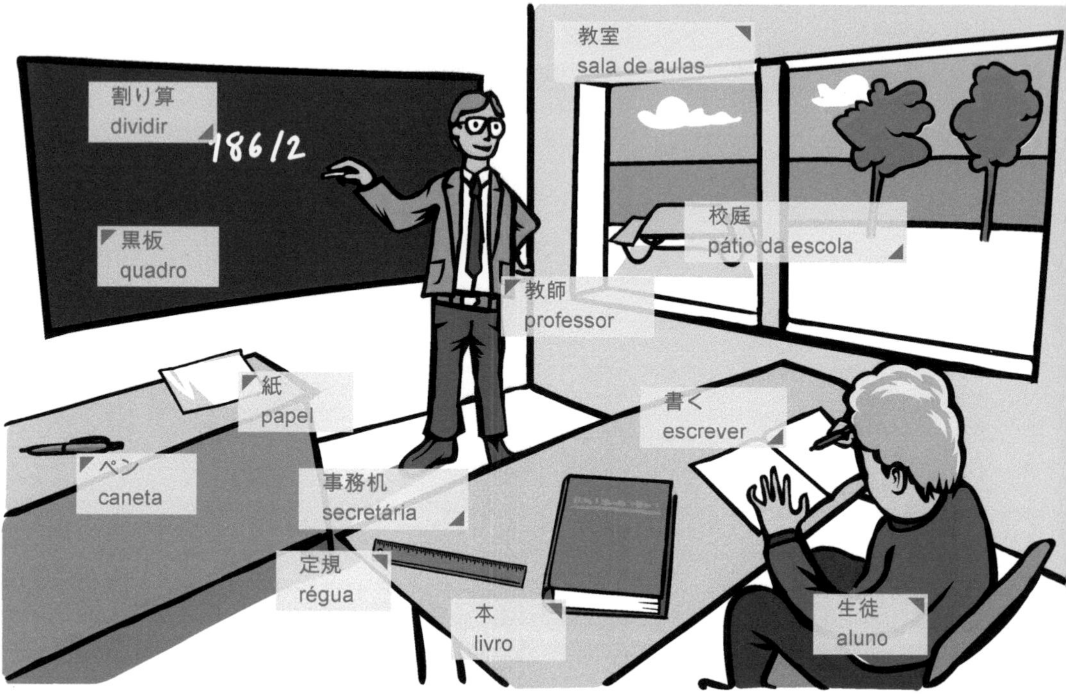
教室
sala de aulas
割り算
dividir
186/2
黒板
quadro
校庭
pátio da escola
教師
professor
紙
papel
書く
escrever
ペン
caneta
事務机
secretária
定規
régua
本
livro
生徒
aluno

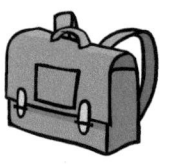

ランドセル

mochila

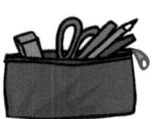

筆入れ

estojo de lápis

鉛筆

lápis

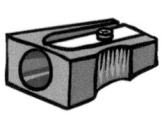

鉛筆削り

afia-lápis

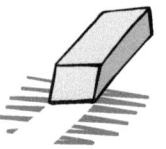

消しゴム

borracha

スケッチブック

bloco de desenho

スケッチ

desenho

絵筆

pincel

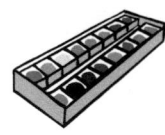

絵の具箱

caixa de tintas

はさみ

tesoura

接着剤

cola

練習帳

livro de exercícios

宿題

trabalhos de casa

12

数

número

2+2

足し算

somar

5-2

引き算

subtrair

2×2

かけ算

multiplicar

計算する

calcular

A

文字

letra

ABCDEFG
HIJKLMN
OPQRSTU
VWXYZ

アルファベット

alfabeto

hello

単語

palavra

テキスト

texto

読む

ler

チョーク

giz

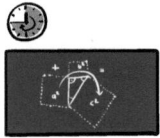

授業

hora

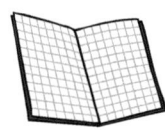

学級日誌

registo de presenças

試験

exame

通知表

certificado

制服

uniforme escolar

教育

educação

百科事典

enciclopédia

大学

universidade

顕微鏡

microscópio

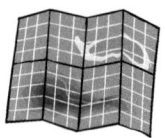

地図

mapa

ごみ箱

cesto de lixo

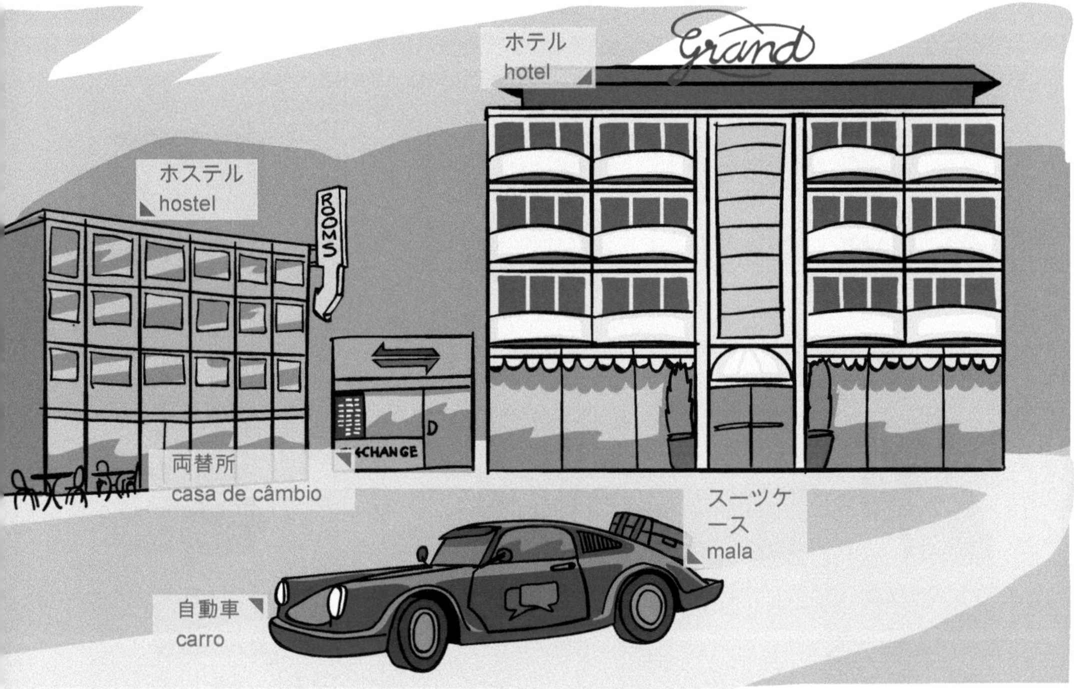
ホテル
hotel
Grand
ホステル
hostel
ROOMS
EXCHANGE
両替所
casa de câmbio
スーツケース
mala
自動車
carro

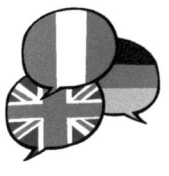

言語

idioma

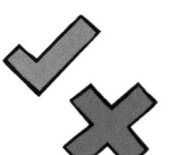

はい / いいえ

sim / não

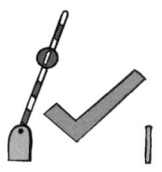

問題ない

ok / certo / correto

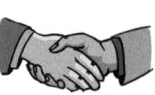

ハロー

olá

翻訳者

intérprete

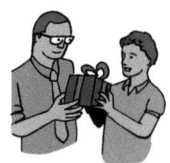

ありがとう

obrigado

...はいくらですか？

quanto é que custa... ?

わかりません

não entendo

問題

problema

こんばんは！

boa noite!

おはようございます！

Bom dia!

おやすみなさい！

Boa noite!

さようなら

adeus

方向

direção

手荷物

bagagem

バッグ

saco

リュックサック

mochila

お客様

convidado

部屋

quarto

寝袋

saco-cama

テント

tenda

旅行者情報

informação turística

ビーチ

praia

クレジットカード

cartão de crédito

朝食

pequeno-almoço

昼食

almoço

夕食

jantar

チケット

bilhete

エレベーター

elevador

スタンプ

selo postal

境界

fronteira

税関

alfândega

大使館

embaixada

ビザ

visto

パスポート

passaporte

輸送
transporte

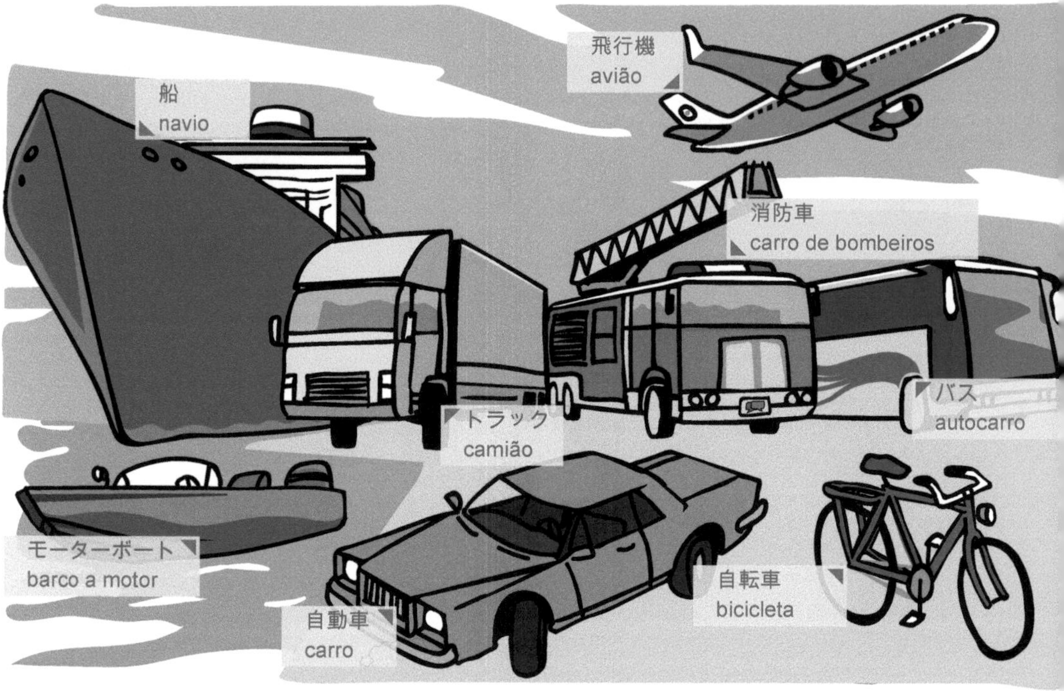
飛行機
avião
船
navio
消防車
carro de bombeiros
トラック
camião
バス
autocarro
モーターボート
barco a motor
自転車
bicicleta
自動車
carro

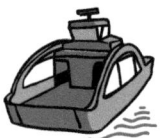

フェリー

cacilheiro

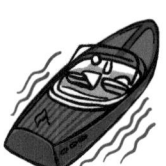

ボート

barco

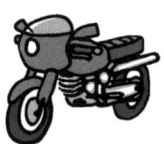

バイク

mota

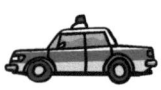

パトカー

carro de polícia

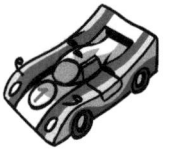

レーシングカー

carro de corrida

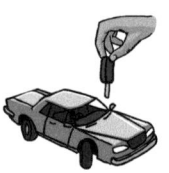

レンタカー

carro alugado

カーシェアリング

carsharing

レッカー車

camião de reboque

ごみ収集車

camião do lixo

モーター

motor

燃料

combustível

ガソリンスタンド

estação de serviço

交通標識

sinal de trânsito

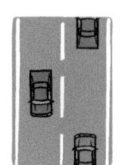

交通

trânsito

渋滞

congestionamento de
trânsito

駐車場

parque de estacionamento

駅

estação ferroviária

道

carris

列車

comboio

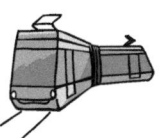

路面電車

elétrico

車両

carruagem

ヘリコプター

helicóptero

空港

aeroporto

タワー

torre

乗客

passageiro

コンテナ

contentor

段ボール箱

caixa de papelão

カート

carrinho

カゴ

cesto

離陸 / 着陸

levantar voo / aterrar

都市

cidade

村

aldeia

都心

centro da cidade

家

casa

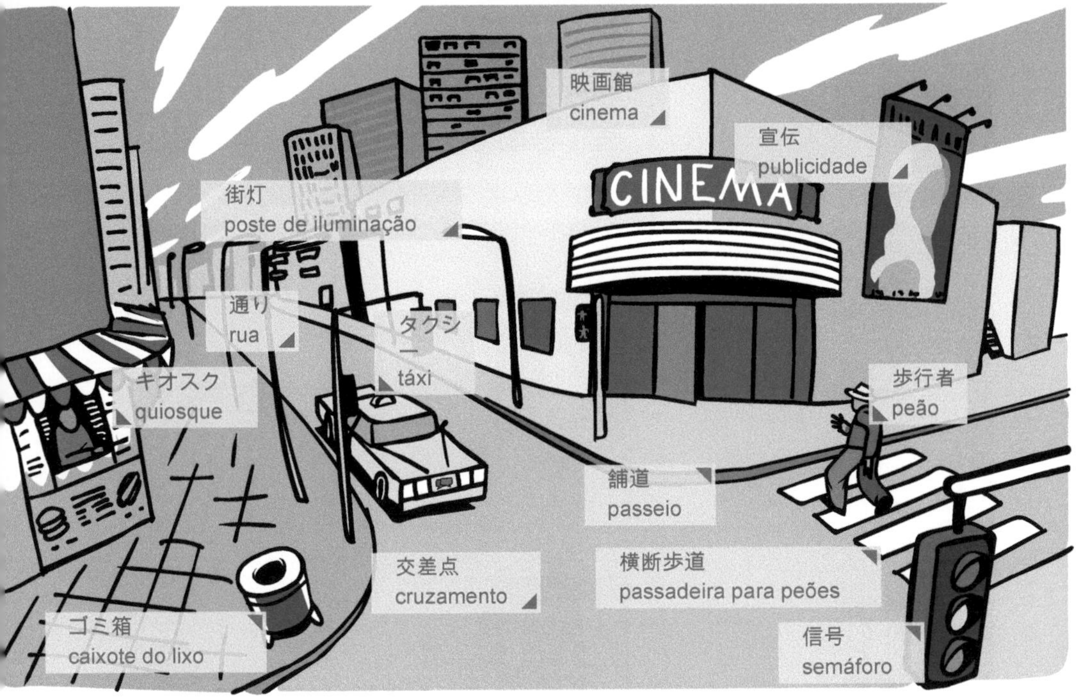

映画館
cinema
CINEMA
宣伝
publicidade
街灯
poste de iluminação
通り
rua
タクシー
táxi
キオスク
quiosque
歩行者
peão
舗道
passeio
交差点
cruzamento
横断歩道
passadeira para peões
ゴミ箱
caixote do lixo
信号
semáforo

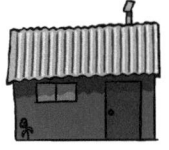

小屋

cabana

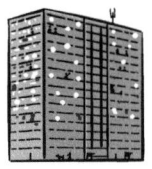

アパート

apartamento

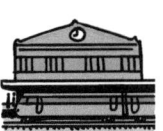

駅

estação ferroviária

市役所

câmara municipal

MUSEUM

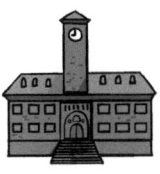

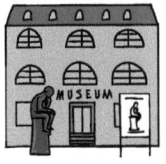

美術館

museu

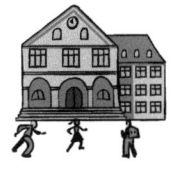

学校

escola

大学

universidade

銀行

banco

病院

hospital

ホテル

hotel

薬局

farmácia

オフィス

escritório

書店

livraria

ショップ

loja

花屋

florista

スーパーマーケット

supermercado

市場

mercado

デパート

loja de departamentos

魚屋

peixaria

ショッピングセンター

centro comercial

港

porto

公園

parque

ベンチ

banco

橋

ponte

階段

escadas

地下鉄

metro

トンネル

túnel

バス停

paragem de autocarro

バー

bar

レストラン

restaurante

ポスト

caixa de correio

道路標識

sinal de trânsito

パーキングメーター

parquímetro

動物園

jardim zoológico

スイミングプール

piscina

モスク

mesquita

農場

quinta

汚染

poluição

墓地

cemitério

教会

igreja

遊び場

parque infantil

寺

templo

風景

paisagem

葉
folha

道標
placa de sinalização

道
caminho

草地
prado

石
pedra

木
árvore

ハイカー
caminhantes

川
rio

草
relva

花
flor

谷
vale

山
montanha

湖
lago

森
floresta

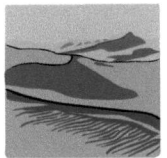

砂漠
deserto

火山
vulcão

城
castelo

虹
arco-íris

キノコ
cogumelo

ヤシの木
palma

蚊
mosquito

ハエ
mosca

蟻
formiga

ミツバチ
abelha

クモ
aranha

カブトムシ

besouro

蛙

sapo

リス

esquilo

ハリネズミ

ouriço

ウサギ

lebre

フクロウ

coruja

鳥

pássaro

白鳥

cisne

雄豚

javali

鹿

veado

ヘラジカ

alce

ダム

barragem

風力タービン

turbina eólica

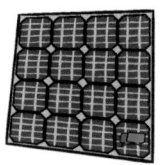

ソーラーパネル

painel solar

気候

clima

レストラン
restaurante

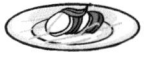

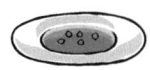

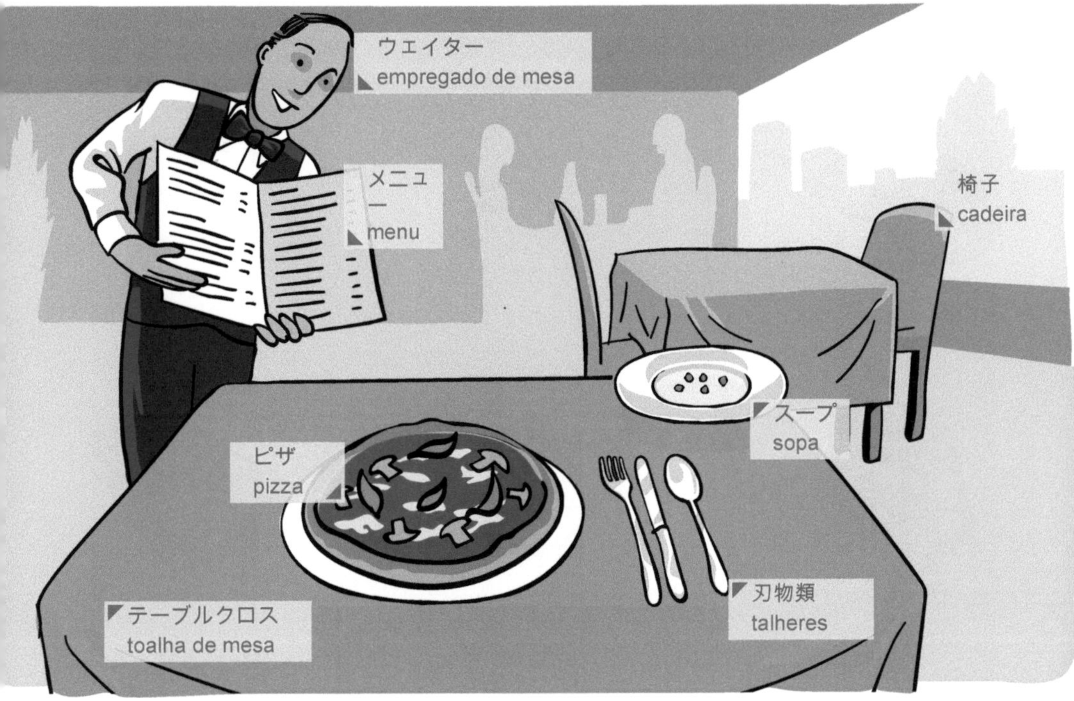
ウェイター
empregado de mesa
メニュー
menu
椅子
cadeira
スープ
sopa
ピザ
pizza
刃物類
talheres
テーブルクロス
toalha de mesa

前菜

entrada

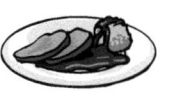

メインコース

prato principal

デザート

sobremesa

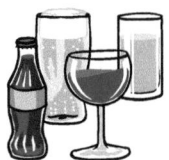

飲み物

bebidas

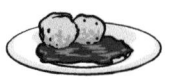

食べ物

comida

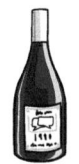

ボトル

garrafa

ファストフード

fast food

屋台の食べ物

comida de rua

ティーポット

bule de chá

砂糖入れ

açucareiro

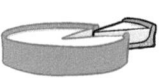

一人前

porção

エスプレッソマシン

máquina de café expresso

幼児用食事椅子

cadeira alta

請求書

conta

トレー

bandeja

ナイフ

faca

フォーク

garfo

スプーン

colher

ティースプーン

colher de chá

ナプキン

guardanapo

グラス

copo

皿

prato

スープ皿

prato de sopa

受け皿

pires

ソース

molho

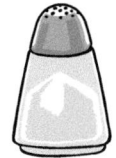

塩入れ

saleiro

ペッパーミル

moinho de pimenta

酢

vinagre

油

óleo

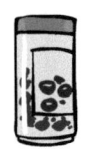

スパイス

especiarias

ケチャップ

ketchup

マスタード

mostarda

マヨネーズ

maionese

スーパーマーケット
supermercado

特価品
oferta especial
顧客
cliente
乳製品
laticínios
果物
fruta
ショッピング・カート
carrinho de compras
FOR

BUTCHERS

肉屋
talho

BAKERY

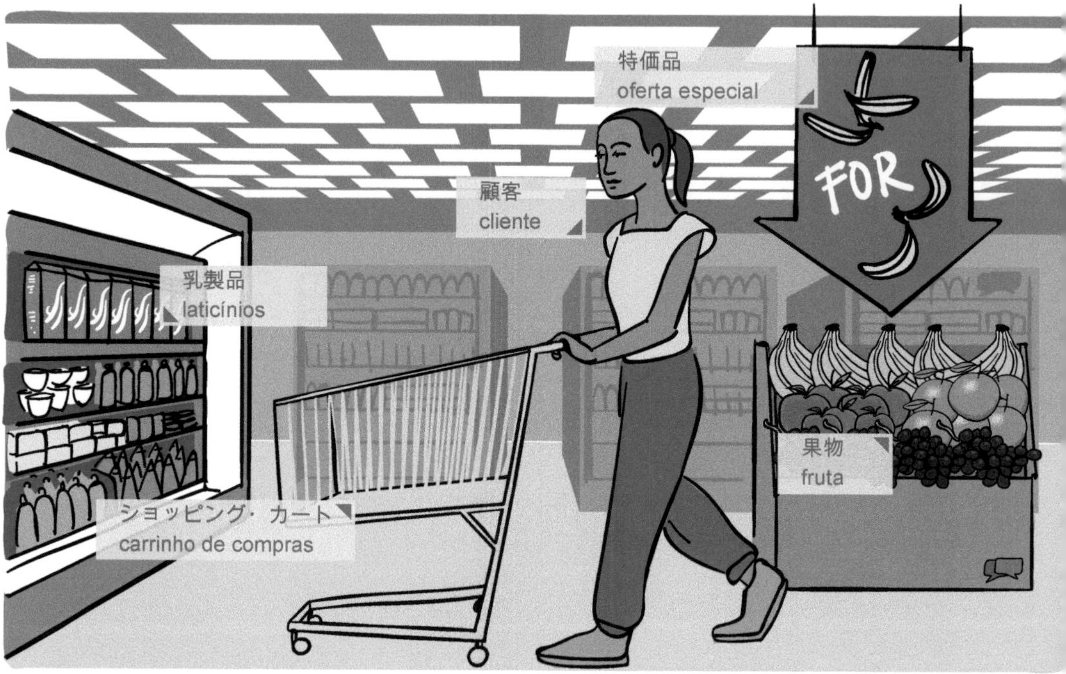

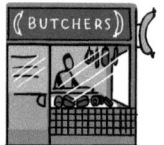

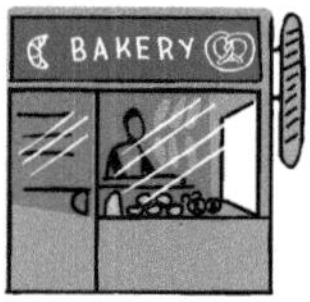

パン屋
padaria

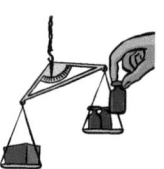

重さをはかる
pesar

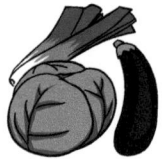

野菜
vegetais

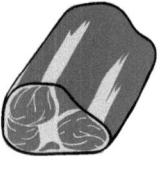

肉
carne

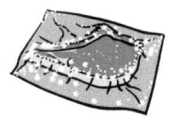

冷凍食品
alimentos congelados

冷肉の薄切り

charcutaria

缶詰食品

comida enlatada

洗剤

detergente em pó

菓子

doces

家庭用品

artigos domésticos

清掃用品

produtos de limpeza

販売員

vendedora

現金箱

caixa

レジ係

caixa

買い物リスト

lista de compras

開館時刻

horário de funcionamento

財布

carteira

クレジットカード

cartão de crédito

バッグ

saco

ポリ袋

saco de plástico

スーパーマーケット - supermercado

水

água

ジュース

sumo

牛乳

leite

コーラ

coca-cola

ワイン

vinho

ビール

cerveja

アルコール

álcool

ココア

cacau

紅茶

chá

コーヒー

café

エスプレッソ

café expresso

カプチーノ

capuccino

バナナ

banana

リンゴ

maçã

オレンジ

laranja

メロン

melão

レモン

limão

ニンジン

cenoura

ニンニク

alho

竹

bambu

玉ねぎ

cebola

キノコ

cogumelo

ナッツ

nozes

ヌードル

talharim

スパゲッティ

esparguete

米

arroz

サラダ

salada

フライドポテト

batatas fritas

フライドポテト

batatas fritas

ピザ

pizza

ハンバーガー

hambúrguer

サンドウィッチ

sanduíche

カツレツ

bife panado

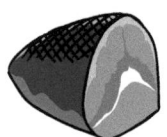

ハム

fiambre

サラミ

salame

ソーセージ

salsicha

鶏肉

galinha

焼き

assado

魚

peixe

麦のお粥

flocos de aveia

ムーズリ

muesli

コーンフレーク

flocos de milho

小麦粉

farinha

クロワッサン

croissant

ロールパン

carcaça (pãozinho)

パン

pão

トースト

torrada

ビスケット

biscoitos

バター

manteiga

カッテージチーズ

requeijão

ケーキ

bolo

卵

ovo

目玉焼き

ovo estrelado

チーズ

queijo

アイスクリーム

gelado

砂糖

açúcar

はちみつ

mel

ジャム

compota

ヌガークリーム

creme de nougat

カレー

caril

農家
casa de quinta

納屋
celeiro

ストローベール
fardo de palha

畑
campo

馬
cavalo

トレーラー
reboque

子馬
potro

トラクター
trator

ロバ
burro

子羊
cordeiro

羊
ovelha

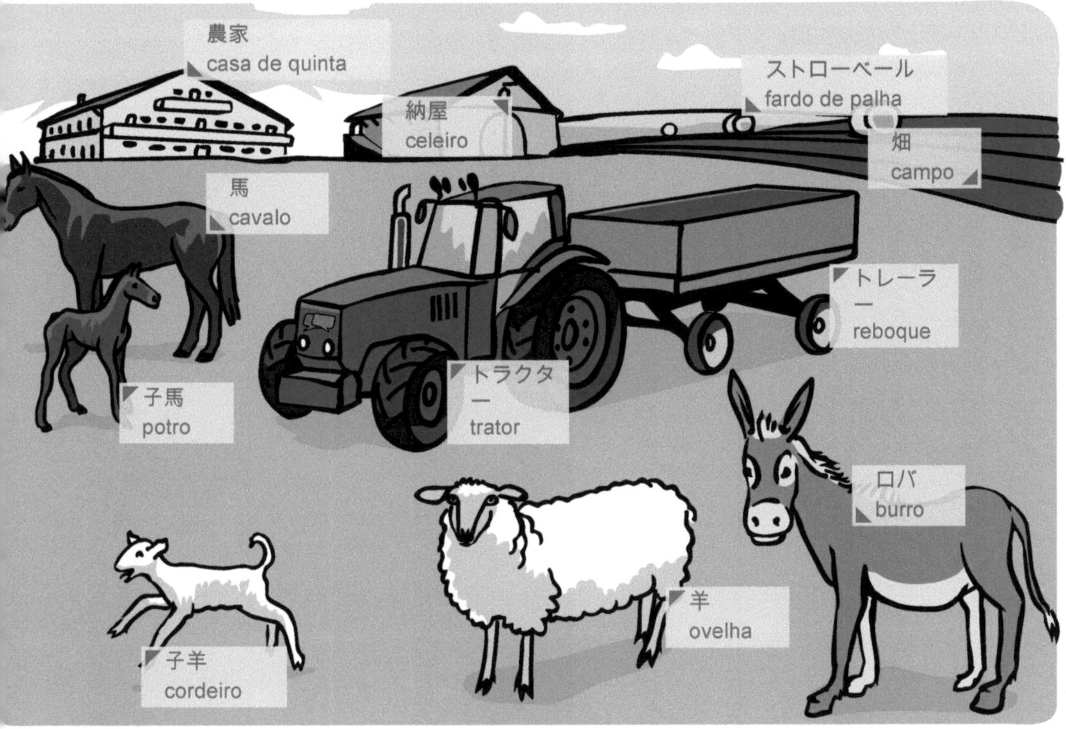

ヤギ

cabra

雌牛

vaca

子牛

bezerro

豚

porco

子豚

leitão

雄牛

touro

ガチョウ

ganso

アヒル

pato

ひよこ

pintaínho

にわとり

galinha

おんどり

galo

ネズミ

ratazana

猫

gato

ねずみ

rato

雄牛

boi

犬

cão

犬小屋

casota

散水ホース

mangueira de jardim

じょうろ

regador

大鎌

foice

すき

arado

草刈り鎌

foice

くわ

enxada

堆肥用フォーク

forquilha

斧

machado

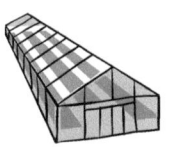

手押し車

carrinho de mão

かいばおけ

manjedoura

牛乳缶

jarro de leite

袋

saco

フェンス

cerca

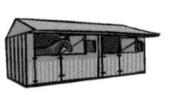

畜舎

estábulo

温室

estufa

土壌

solo

種

semente

肥料

fertilizante

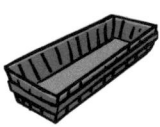

コンバイン

ceifeira-debulhadora

収穫する

colher

収穫

colheita

ヤマイモ

inhame

小麦

trigo

大豆

soja

じゃがいも

batata

トウモロコシ

milho

菜種

colza

果樹

árvore de fruto

キャッサバ

mandioca

穀物

cereais

煙突
chaminé

屋根
telhado

排水管
caleira

窓
janela

車庫
garagem

呼び鈴
campainha da porta

ドア
porta

ゴミ箱
balde do lixo

郵便受け
caixa de correio

庭
jardim

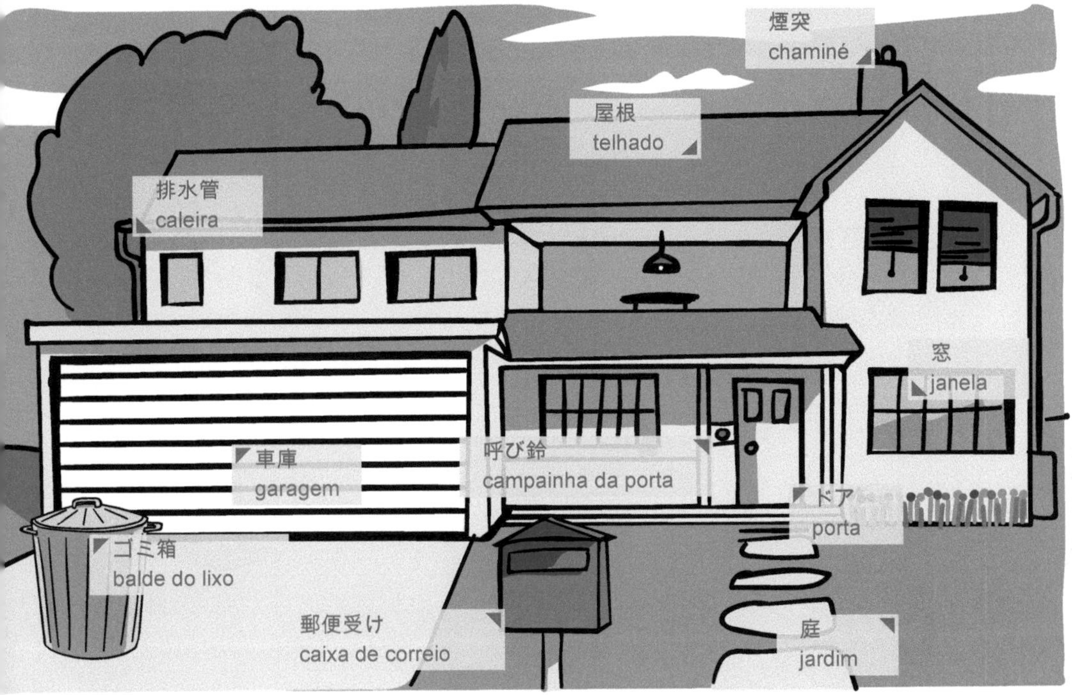

リビングルーム

sala de estar

浴室

casa de banho

台所

cozinha

寝室

quarto de dormir

子供部屋

quarto de criança

ダイニング・ルーム

sala de jantar

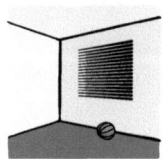

床
chão

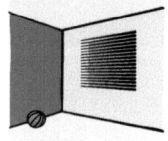

壁
parede

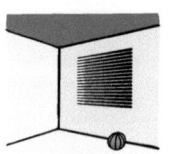

天井
teto

地下貯蔵庫
cave

サウナ
sauna

バルコニー
varanda

テラス
terraço

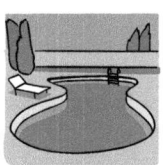

プール
piscina

芝刈り機
máquina de cortar relvado

シーツ
lençol

ベッドカバー
cobertor

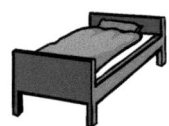

ベッド
cama

ほうき
vassoura

バケツ
balde

スイッチ
interruptor

リビングルーム

sala de estar

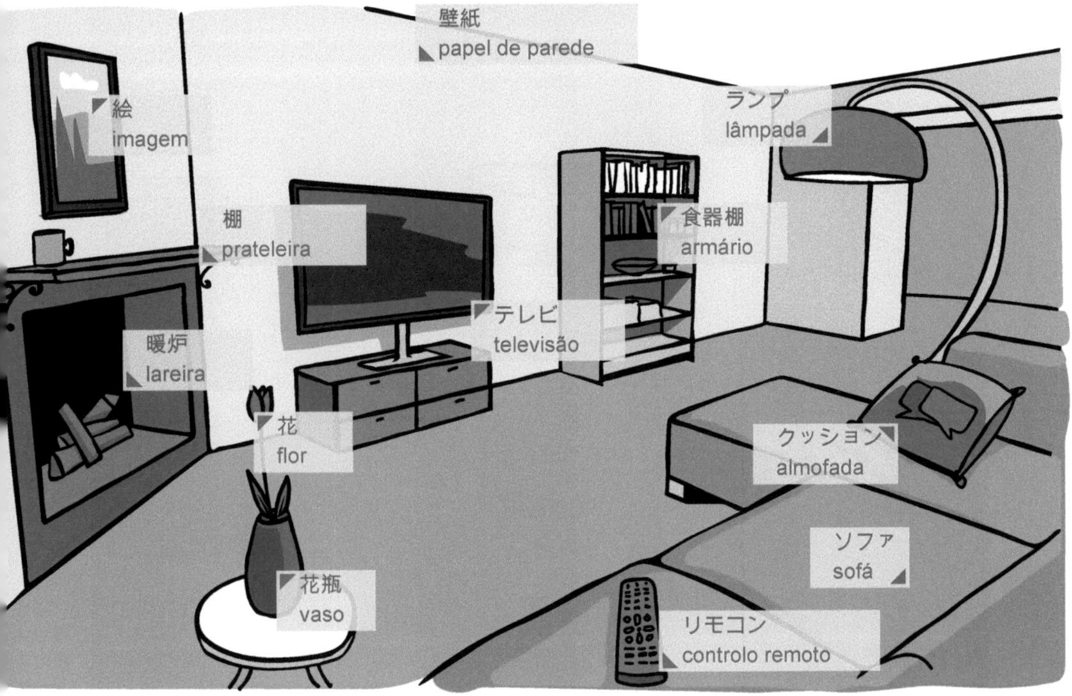
壁紙
papel de parede
絵
imagem
ランプ
lâmpada
棚
prateleira
食器棚
armário
テレビ
televisão
暖炉
lareira
花
flor
クッション
almofada
ソファ
sofá
花瓶
vaso
リモコン
controlo remoto

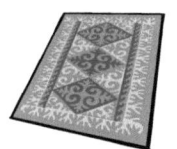

カーペット

tapete

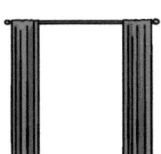

カーテン

cortina

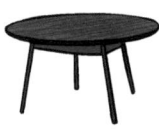

テーブル

mesa

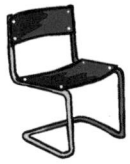

椅子

cadeira

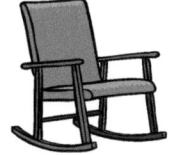

ロッキングチェア

cadeira de baloiço

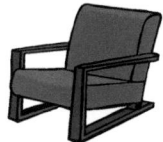

ひじ掛け椅子

poltrona

本
livro

毛布
cobertor

飾り
decoração

たきぎ
lenha

映画
filme

ステレオ
sistema estéreo

鍵
chave

新聞
jornal

絵画
pintura

ポスター
póster

ラジオ
rádio

メモ帳
bloco de notas

掃除機
aspirador

サボテン
cato

ろうそく
vela

台所
cozinha

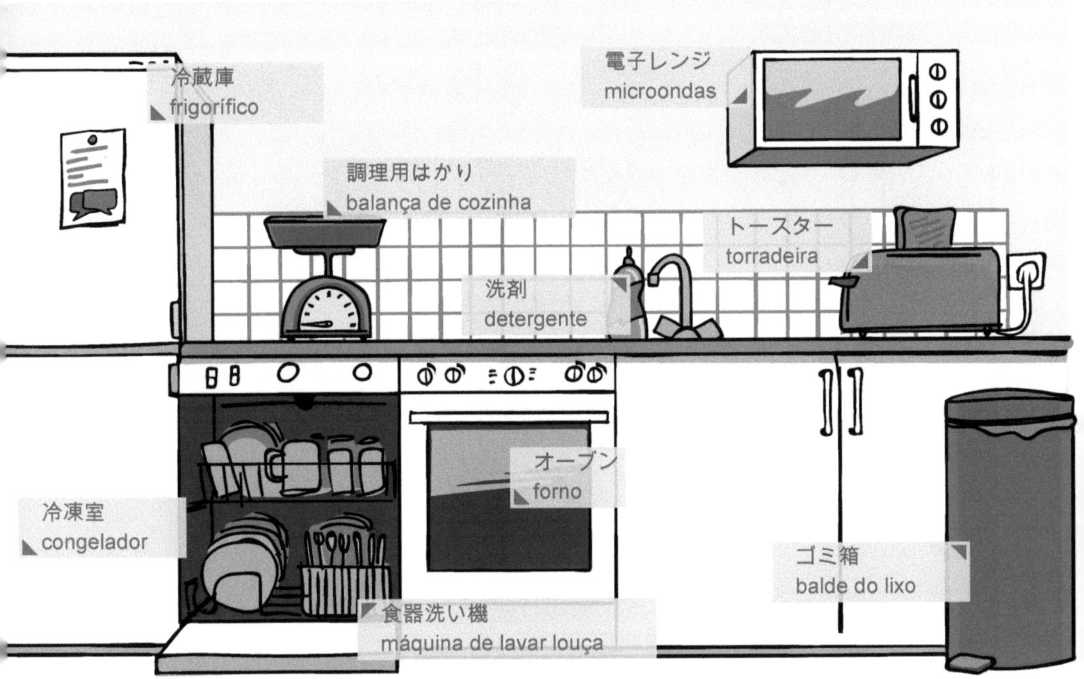
冷蔵庫
frigorífico
電子レンジ
microondas
調理用はかり
balança de cozinha
トースター
torradeira
洗剤
detergente
オーブン
forno
冷凍室
congelador
ゴミ箱
balde do lixo
食器洗い機
máquina de lavar louça

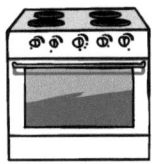

こんろ

fogão

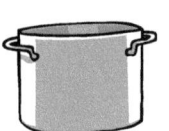

鍋

panela

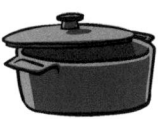

鉄鍋

panela de ferro

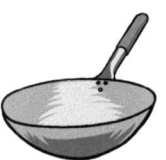

中華鍋/ カダイ鍋

wok / kadai

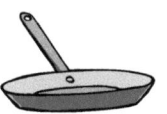

フライパン

frigideira

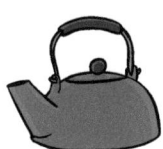

やかん

chaleira

蒸し器

panela a vapor

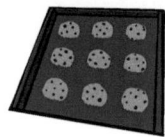

天板

tabuleiro de forno

食器

louça

マグカップ

caneca

ボウル

tigela

箸

pauzinhos

おたま

concha de sopa

へら

espátula

泡立て器

batedor de claras

こし器

escorredor

ふるい

peneira

すりおろし器

ralador

すり鉢

almofariz

バーベキュー

churrasqueira

かまど

lareira

まな板

tábua de cortar

麺棒

rolo da massa

栓抜き

saca-rolhas

缶

lata

缶切り

abridor de latas

鍋つかみ

luvas de forno

流し

lava-loiça

ブラシ

escova

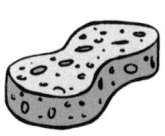

スポンジ

esponja

ミキサー

liquidificador

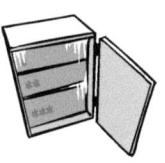

冷凍庫

arca frigorífica

哺乳瓶

biberão

蛇口

torneira

casa de banho

ヒーター
aquecimento

シャワー
chuveiro

タオル
toalha

シャワーカーテン
cortina de chuveiro

泡風呂
banho de espuma

浴槽
banheira

グラス
copo

洗濯機
máquina de lavar roupa

蛇口
torneira

タイル
azulejos

おまる
penico

流し
lava-loiça

トイレ
sanita

和式トイレ
retrete turca

ビデ
bidé

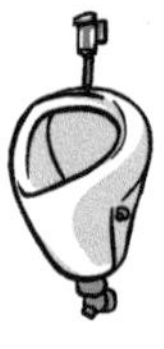

小便器
urinol

トイレットペーパー
papel higiénico

トイレブラシ
piaçaba

歯ブラシ

escova de dentes

歯みがき

pasta de dentes

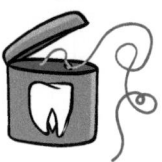

デンタルフロス

fio dentário

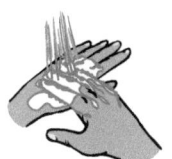

洗う

lavar

シャワーヘッド

chuveiro de mão

ハンドビデ

duche íntimo

洗面台

bacia

ボディブラシ

escova para as costas

石鹸

sabonete

シャワー用ジェル

gel de banho

シャンプー

champô

浴用タオル

toalha de rosto

排水口

escoamento

クリーム

creme

消臭

desodorizante

鏡

espelho

手鏡

espelho de mão

かみそり

máquina de barbear

シェービング・フォーム

creme de barbear

アフターシェーブローション

loção pós-barba

櫛

pente

ブラシ

escova

ドライヤー

secador de cabelo

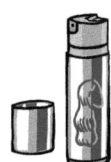

ヘアスプレー

spray de cabelo

化粧

maquilhagem

口紅

batom

マニキュア

verniz de unhas

脱脂綿

algodão

爪切り

tesoura para unhas

香水

perfume

洗面用具入れ

nécessaire

スツール

tamborete

体重計

balança

バスローブ

roupão de banho

ゴム手袋

luvas de borracha

タンポン

tampão

生理用ナプキン

penso higiénico

ケミカルトイレ

WC químico

子供部屋
quarto de criança

目覚まし時計
despertador
ぬいぐるみ
peluche
おもちゃの自動車
carro de brincar
がらがら
chocalho
ドール・ハウス
casa de bonecas
プレゼント
presente

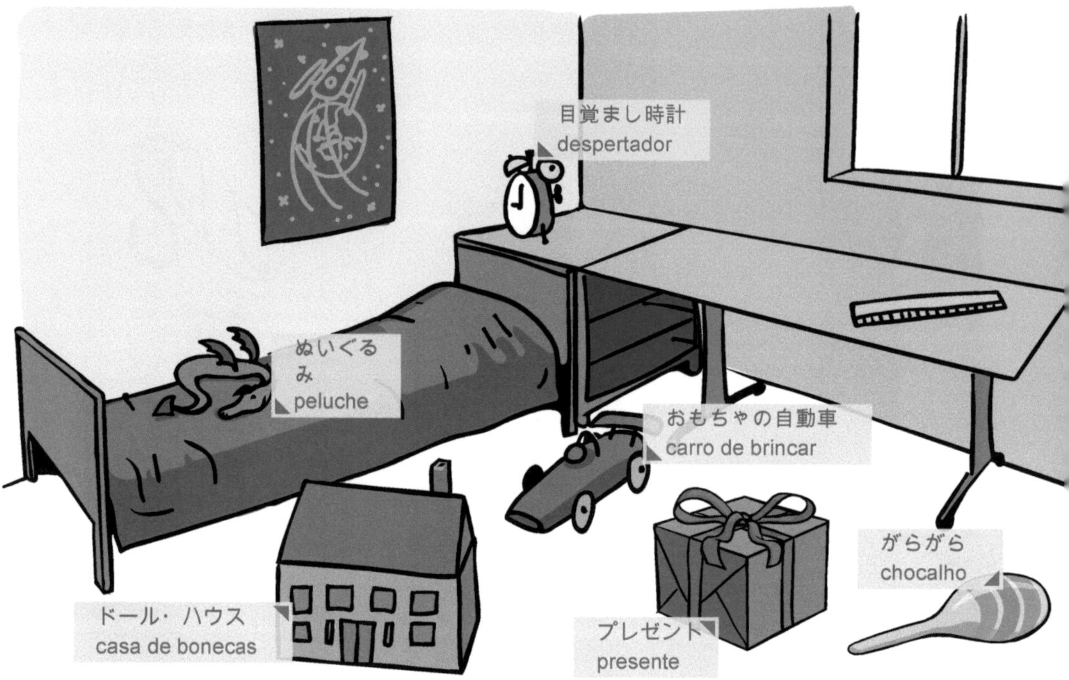

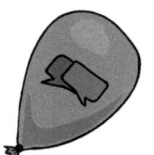

風船

balão

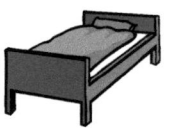

ベッド

cama

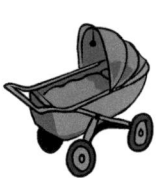

ベビーカー

carrinho de bebé

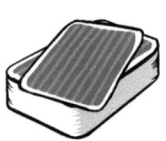

カードゲーム

jogo de cartas

ジグソーパズル

quebra-cabeças

SUPER MEGA

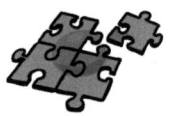

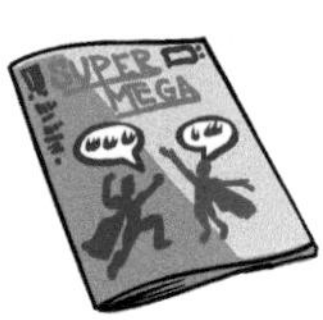

漫画

banda desenhada

レゴ

peças de Lego

玩具ブロック

blocos de construção

アクションフィギュア

figura de ação

ロンパース

fato de bebé

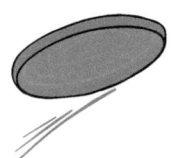

フリスビー

Frisbee

モバイル

móbile para bebé

ボードゲーム

jogo de tabuleiro

さいころ

dados

鉄道模型

pista de comboio elétrico

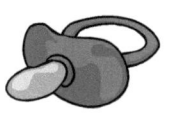

おしゃぶり

chupeta

パーティー

festa

絵本

livro ilustrado

ボール

bola

人形

boneca

遊ぶ

jogar

砂場

caixa de areia

ブランコ

baloiço

おもちゃ

brinquedos

ゲーム機

consola de jogos

三輪車

triciclo

テディベア

ursinho de peluche

衣装ダンス

guarda-roupa

衣服

vestuário

靴下

meias

ストッキング

meias pelo joelho

タイツ

meias-calças

スカーフ
cachecol

雨傘
guarda-chuva

Tシャツ
t-shirt

ベルト
cinto

ブーツ
botas

スリッパ
chinelos

スニーカー
sapatilhas

サンダル
sandálias

靴
sapatos

ゴム長靴
botas de borracha

パンツ
cuecas

ブラ
sutiã

ベスト
camisola interior

衣服 - vestuário

ボディースーツ

body

ズボン

calças

ジーンズ

calças de ganga

スカート

saia

ブラウス

blusa

シャツ

camisa

セーター

pulôver

パーカー

camisola com capuz

ブレザー

blazer

ジャケット

casaco

コート

manto

レインコート

gabardina

服装

traje

ドレス

vestido

ウェディングドレス

vestido de casamento

スーツ

fato

ナイトガウン

camisa de dormir

パジャマ

pijama

サリー

sari

ヘッドスカーフ

lenço de cabeça

ターバン

turbante

ブルカ

burca

カフタン

cafetã

アバヤ

abaya

水着

fato de banho

トランクス

calções de banho

半ズボン

calções

スウェットスーツ

fato de treino

エプロン

avental

手袋

luvas

衣服 - vestuário

ボタン

botão

メガネ

óculos

ブレスレット

pulseira

ネックレス

colar

指輪

anel

イヤリング

brinco

帽子

boné

ハンガー

cabide

帽子

chapéu

ネクタイ

gravata

ファスナー

fecho de correr

ヘルメット

capacete

サスペンダー

suspensórios

制服

uniforme escolar

ユニフォーム

uniforme

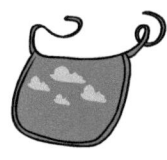

よだれかけ

babete

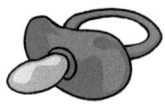

おしゃぶり

chupeta

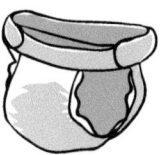

おむつ

fralda

オフィス

escritório

サーバ
servidor
書類キャビネット
armário de arquivo
プリンター
impressora
紙
papel
モニター
ecrã
マウス
rato
事務机
secretária
フォルダー
pasta
キーボード
teclado
椅子
cadeira
ごみ箱
cesto de lixo
コンピューター
computador

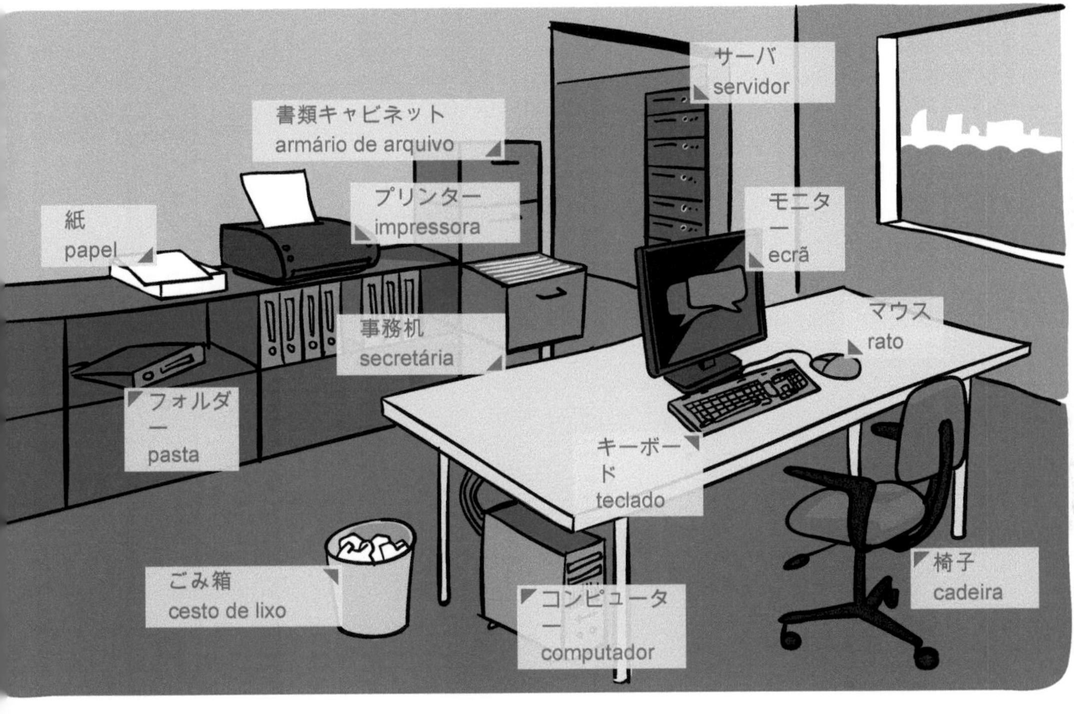

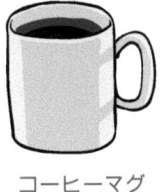

コーヒーマグ

caneca de café

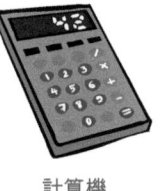

計算機

calculadora

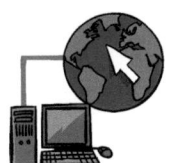

インターネット

internet

ラップトップ

computador portátil

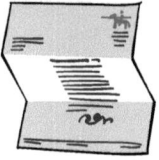

手紙

carta

メッセージ

mensagem

携帯電話

telemóvel

ネットワーク

rede

コピー機

fotocopiadora

ソフトウェア

software

電話

telefone

コンセント

tomada elétrica

ファックス

fax

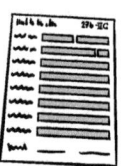

フォーム

formulário

書類

documento

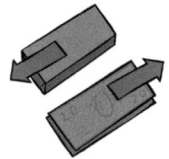

買う

comprar

支払う

pagar

取引する

negociar

お金

dinheiro

ドル

dólar

ユーロ

euro

円

yen

ルーブル

rublo

スイスフラン

franco suíço

人民元

renminbi yuan

ルピー

rupia

キャッシュポイント

caixa de multibanco

両替所

casa de câmbio

金

ouro

銀

prata

油

petróleo

エネルギー

energia

価格

preço

契約

contrato

税金

imposto

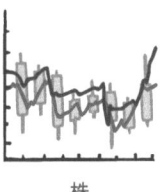

株

ação

働く

trabalhar

従業員

empregado

雇用主

entidade patronal

工場

fábrica

ショップ

loja

職業
profissões

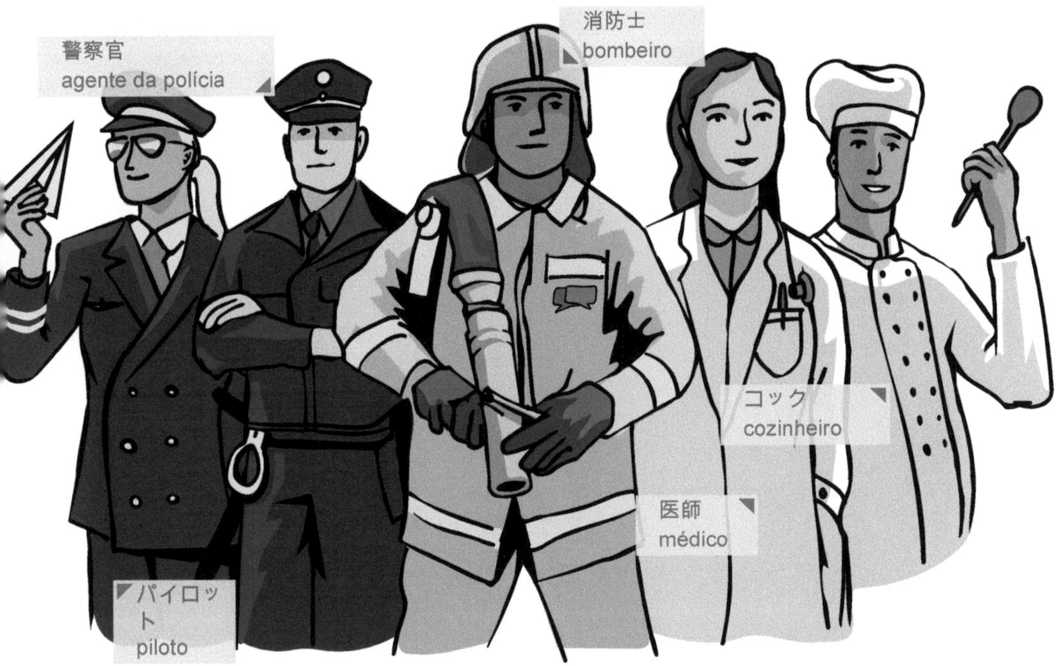

消防士
bombeiro
警察官
agente da polícia
コック
cozinheiro
医師
médico
パイロット
piloto

庭師

jardineiro

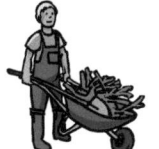

大工

carpinteiro

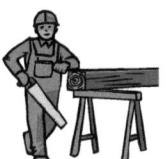

お針子

costureira

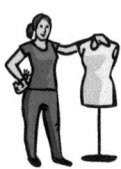

裁判官

juiz

化学者

químico

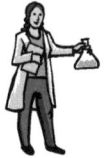

俳優

ator

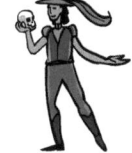

バスの運転手

motorista de autocarro

タクシー運転手

motorista de táxi

漁師

pescador

掃除婦

empregada de limpeza

屋根ふき職人

telhador

ウェイター

empregado de mesa

ハンター

caçador

塗装工

pintor

パン屋

padeiro

電気工

eletricista

建設作業員

construtor

エンジニア

engenheiro

肉屋

talhante

配管工

canalizador

郵便配達人

carteiro

軍人

soldado

建築家

arquiteto

レジ係

caixa

花屋

florista

美容師

cabeleireiro

車掌

controlador de bilhetes

機械工

mecânico

キャプテン

capitão

歯科医

dentista

科学者

cientista

ラビ

rabino

イスラム導師

imã

修道士

monge

牧師

pastor

ferramentas

ハンマー
martelo

くぎ抜き
alicate

ドライバー
chave de fendas

スパナ
chave inglesa

懐中電灯
lanterna

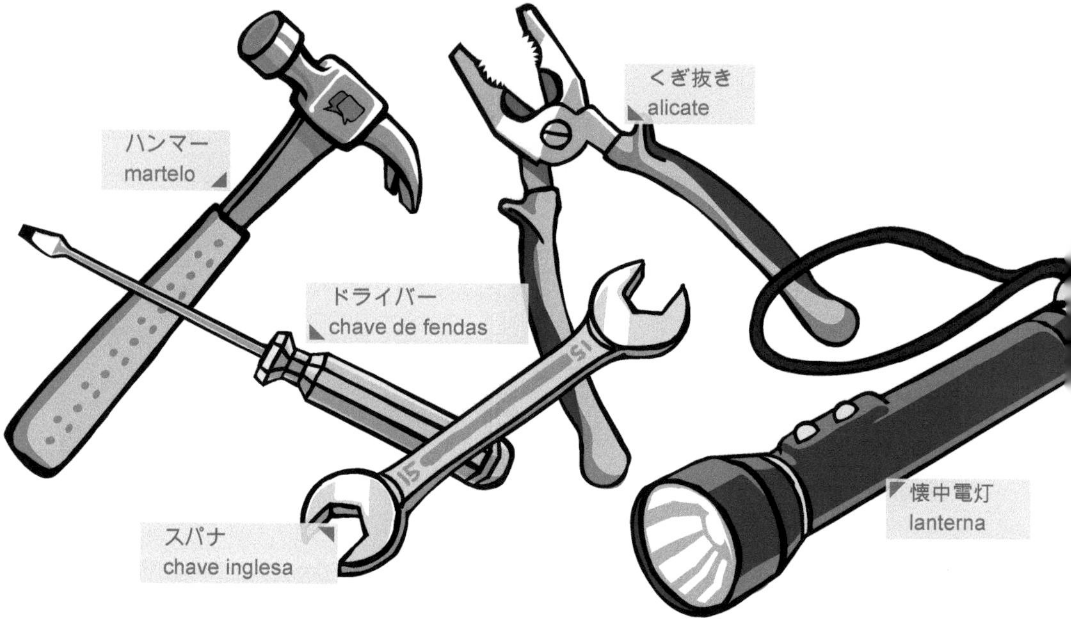

掘削機

escavadora

道具箱

caixa de ferramentas

はしご

escadote

のこぎり

serra

釘

pregos

ドリル

broca

修理する
reparar

シャベル
pá

クソ！
porcaria!

ちりとり
pá de lixo

ペンキ缶
pote de tinta

ネジ
parafusos

楽器

instrumentos musicais

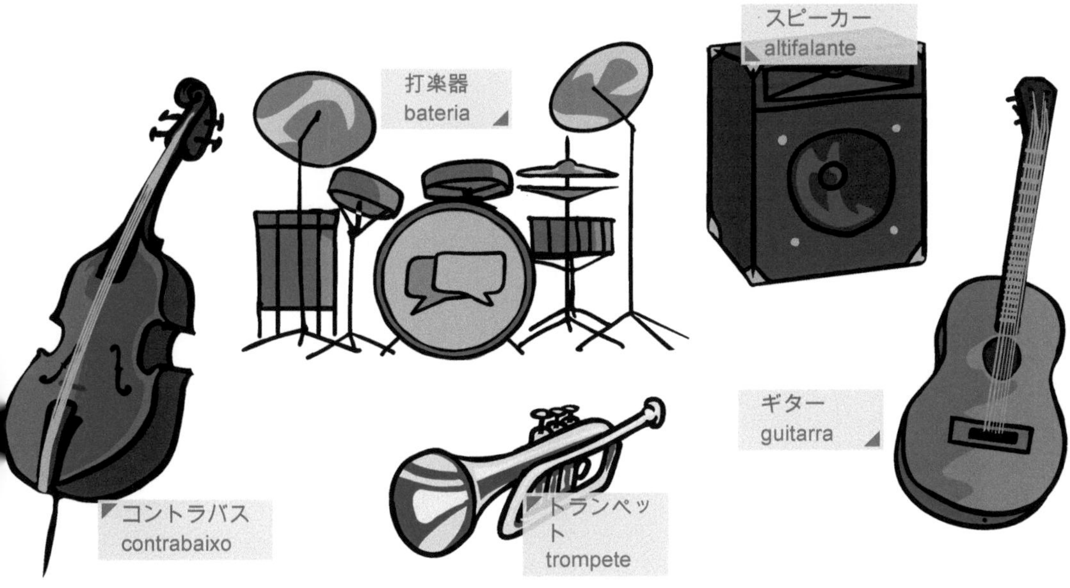

スピーカー
altifalante

打楽器
bateria

ギター
guitarra

コントラバス
contrabaixo

トランペット
trompete

ピアノ

piano

バイオリン

violino

バス

baixo

ティンパニ

timbales

ドラム

tambor

キーボード

teclado

サックス

saxofone

フルート

flauta

マイクロフォン

microfone

動物園
jardim zoológico

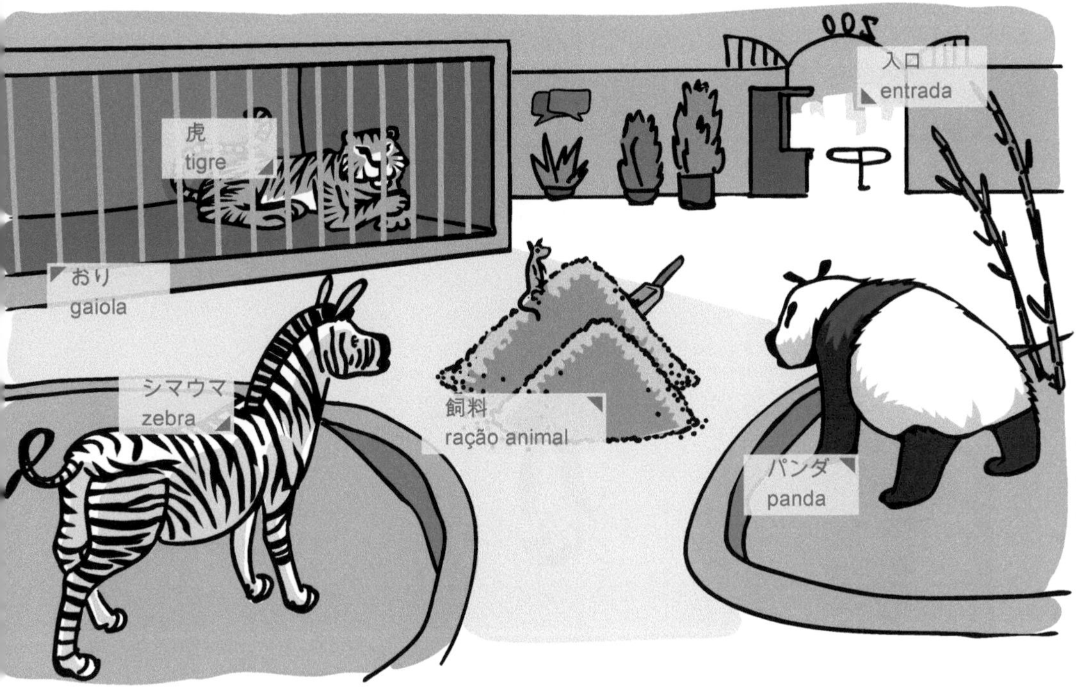

虎
tigre
入口
entrada
おり
gaiola
シマウマ
zebra
飼料
ração animal
パンダ
panda

動物

animais

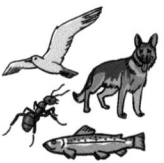

象

elefante

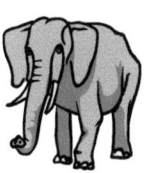

カンガルー

canguru

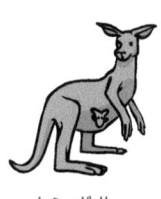

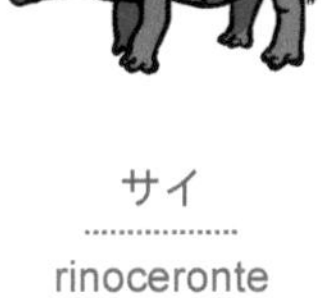

サイ

rinoceronte

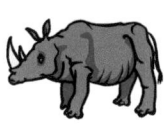

ゴリラ

gorila

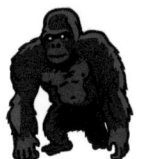

熊

urso

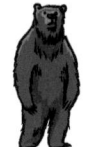

ラクダ

camelo

ダチョウ

avestruz

ライオン

leão

猿

macaco

フラミンゴ

flamingo

オウム

papagaio

白クマ

urso polar

ペンギン

pinguim

サメ

tubarão

クジャク

pavão

蛇

cobra

ワニ

crocodilo

飼育係

guarda do jardim zoológico

アザラシ

foca

ジャガー

jaguar

ポニー

pónei

ヒョウ

leopardo

カバ

hipopótamo

キリン

girafa

鷲

águia

雄豚

javali

魚

peixe

亀

tartaruga

セイウチ

morsa

狐

raposa

ガゼル

gazela

動物園 - jardim zoológico

アメフト
futebol americano

サイクリング
ciclismo

テニス
ténis

バスケットボール
basquetebol

水泳
natação

ボクシング
boxe

アイスホッケー
hóquei no gelo

サッカー
futebol

バドミントン
badminton

陸上競技
atletismo

ハンドボール
andebol

スキー
esqui

ポロ
polo

跳ぶ
saltar

抱きしめる
abraçar

笑う
rir

歩く
andar

歌う
cantar

夢見る
sonhar

祈る
rezar

キス
beijar

書く
escrever

描く
desenhar

示す
mostrar

押す
empurrar

与える
dar

取る
tomar

持っている

ter

する

fazer

ある

ser

立つ

ficar de pé

走る

correr

引く

puxar

投げる

remessar

落ちる

cair

横たわっている

deitar

待つ

esperar

運ぶ

carregar

座る

sentar

着る

vestir

眠る

dormir

目が覚める

acordar

見る
olhar para

泣く
chorar

なでる
acariciar

櫛ですく
pentear

話す
falar

理解する
compreender

質問する
perguntar

聞く
ouvir

飲む
beber

食べる
comer

片づける
arrumar

愛する
amar

料理する
cozinhar

運転する
conduzir

飛ぶ
voar

活動 - atividades

ヨットに乗る

velejar

計算する

calcular

読む

ler

学ぶ

aprender

働く

trabalhar

結婚する

casar

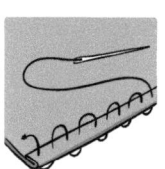

縫う

costurar

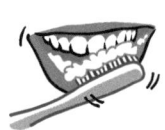

歯を磨く

escovar os dentes

殺す

matar

喫煙する

fumar

送る

enviar

家族

família

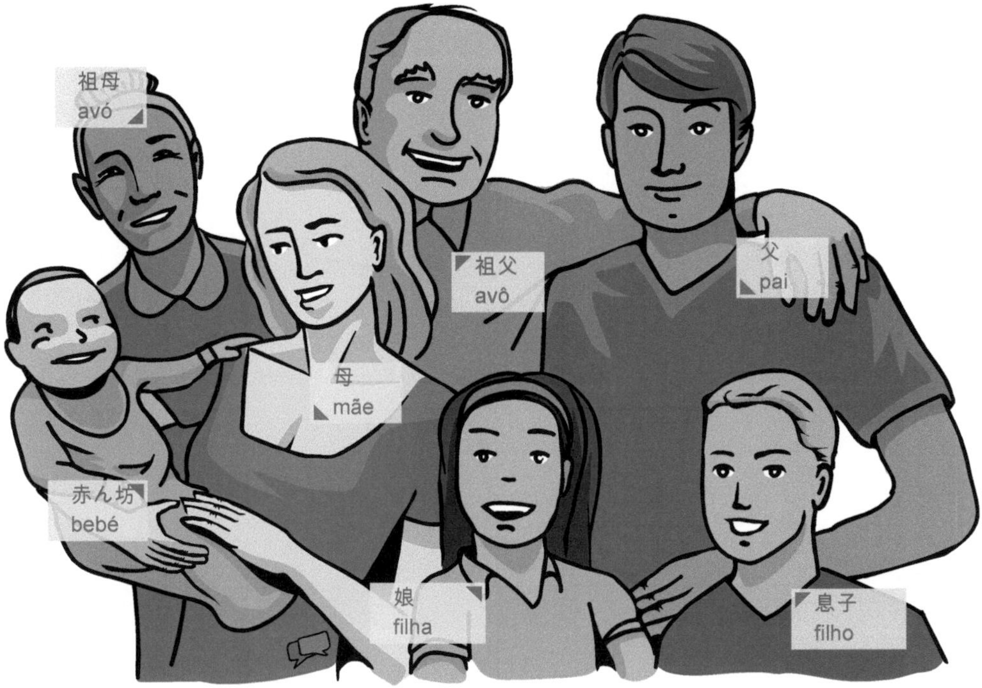

祖母
avó
祖父
avô
父
pai
母
mãe
赤ん坊
bebé
娘
filha
息子
filho

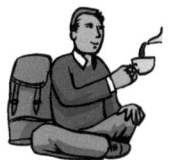

お客様

convidado

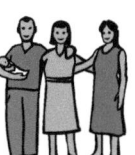

おば

tia

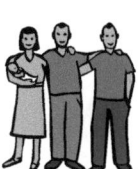

おじ

tio

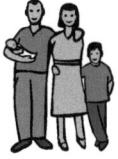

兄弟

irmão

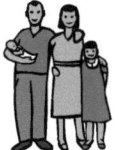

姉妹

irmã

体

corpo

ひたい
testa
目
olho
肩
ombro
指
dedo
顔
cara
あご
queixo
手
mão
胸
peito
脚
perna
腕
braço

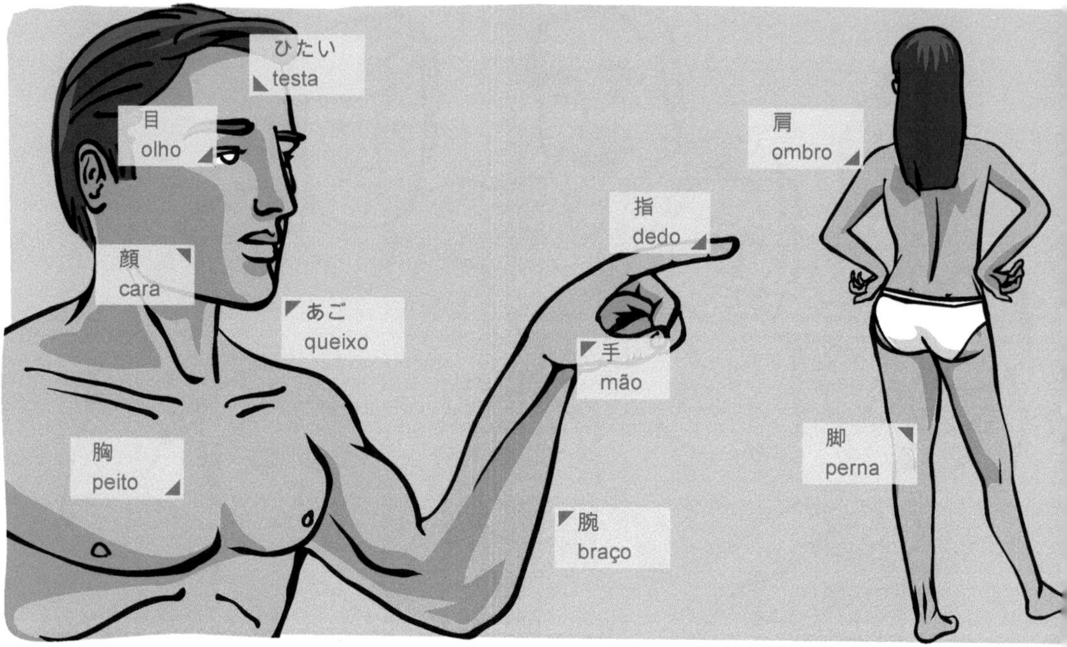

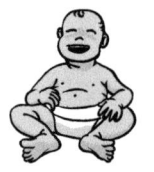

赤ん坊

bebé

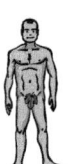

男性

homem

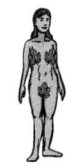

女性

mulher

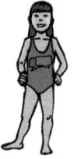

少女

menina

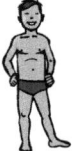

少年

menino

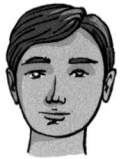

頭

cabeça

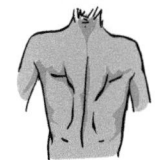

背中

costas

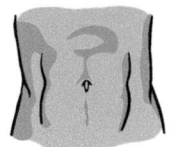

腹

barriga

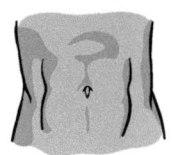

へそ

umbigo

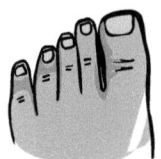

足指

dedo do pé

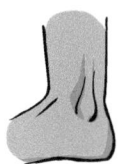

かかと

calcanhar

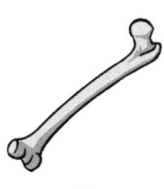

骨

osso

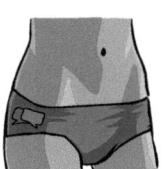

腰

anca

ひざ

joelho

ひじ

cotovelo

鼻

nariz

尻

nádegas

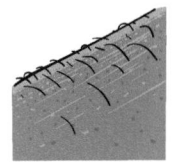

皮膚

pele

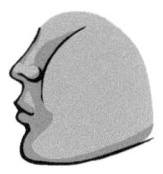

頬

bochecha

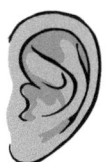

耳

orelha

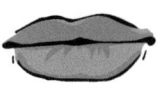

唇

lábio

体 - corpo

口
....
boca

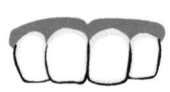

歯
....
dente

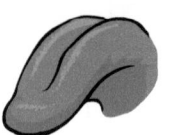

舌
....
língua

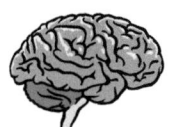

脳
....
cérebro

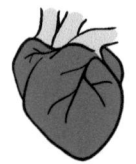

心臓
....
coração

筋肉
....
músculo

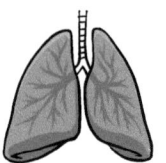

肺
....
pulmão

肝臓
....
fígado

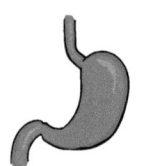

胃
....
estômago

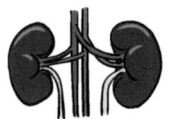

腎臓
....
rins

セックス
....
relações sexuais

コンドーム
....
preservativo

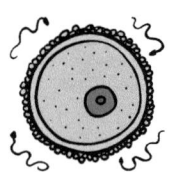

卵細胞
....
óvulo

精液
....
esperma

妊娠
....
gravidez

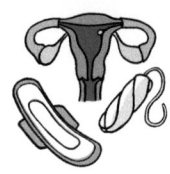

月経

menstruação

膣

vagina

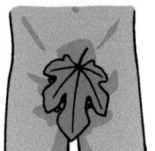

ペニス

pénis

眉

sobrancelha

髪

cabelo

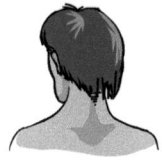

首

pescoço

病院

hospital

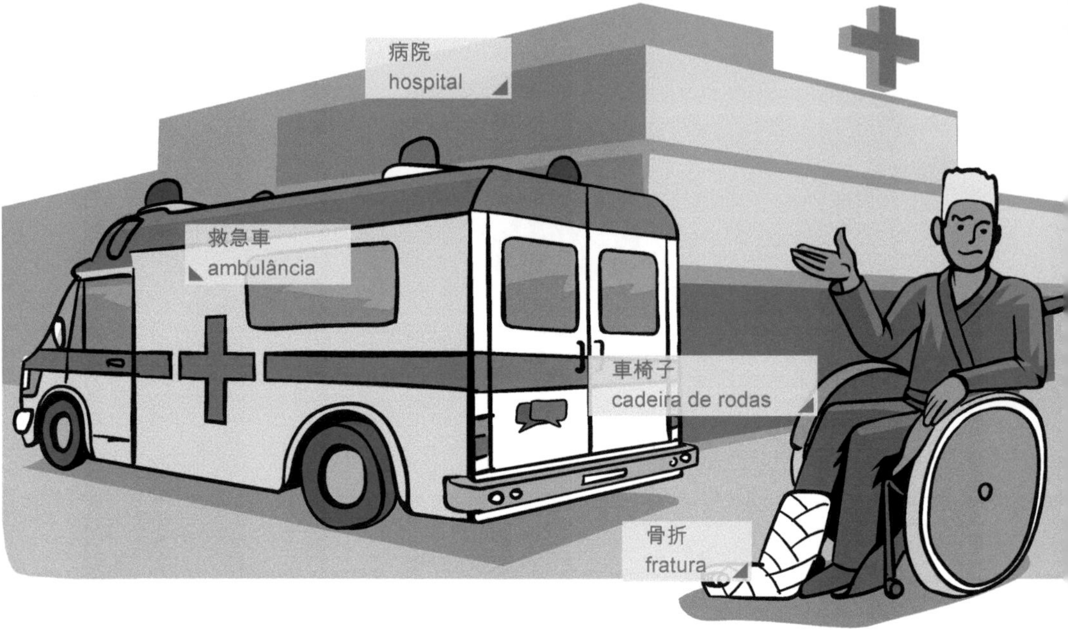

病院
hospital
救急車
ambulância
車椅子
cadeira de rodas
骨折
fratura

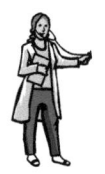

医師

médico

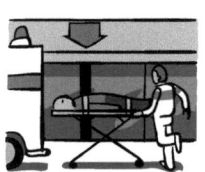

救急治療室

serviço de urgências

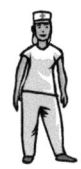

看護師

enfermeira

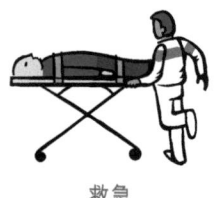

救急

emergência

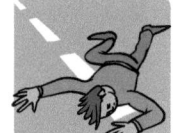

失神

inconsciente

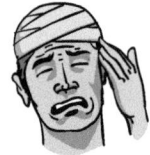

痛み

dor

けが

ferimento

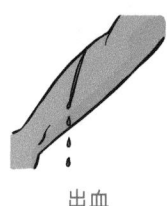

出血

hemorragia

心臓発作

ataque cardíaco

脳卒中

acidente vascular cerebral

アレルギー

alergia

咳

tosse

熱

febre

インフルエンザ

gripe

下痢

diarreia

頭痛

dor de cabeça

癌

cancro

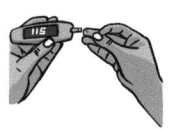

糖尿病

diabetes

外科医

cirurgião

外科用メス

bisturi

手術

operação

CT

CT

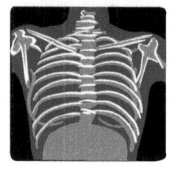

レントゲン

raio x

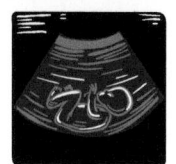

超音波

ultrassom

マスク

máscara

病気

doença

待合室

sala de espera

松葉づえ

muleta

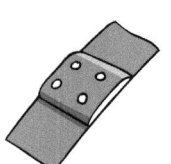

ばんそうこう

penso rápido

包帯

ligadura

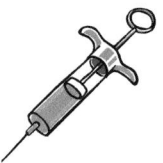

注射

injeção

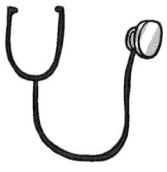

聴診器

estetoscópio

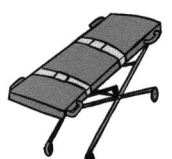

担架

maca

体温計

termómetro

出産

nascimento

肥満

excesso de peso

補聴器
aparelho auditivo

消毒剤
desinfetante

感染
infeção

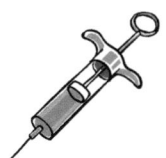

ウイルス
vírus

HIV / エイズ
HIV / SIDA

内服薬
medicamento

予防接種
vacinação

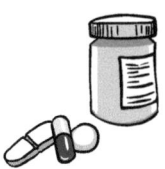

錠剤
comprimidos

ピル
pílula

緊急電話
chamada de emergência

血圧計
dispositivo de medição de
pressão arterial

病気の ／ 健康な
doente / saudável

助けて！

Socorro!

アラーム

alarme

暴行

assalto

攻撃

ataque

危険

perigo

非常口

saída de emergência

火事だ！

Fogo!

消火器

extintor de incêndios

事故

acidente

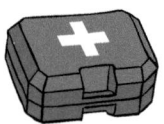

救急箱

estojo de primeiros socorros

SOS

SOS

警察

polícia

ヨーロッパ

Europa

北米

América do Norte

南米

América do Sul

アフリカ

África

アジア

Ásia

オーストラリア

Austrália

大西洋

Atlântico

太平洋

Pacífico

インド洋

Oceano Índico

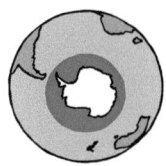

南極海

Oceano Antártico

北極海

Oceano Ártico

北極

Polo Norte

南極
Polo Sul

南極大陸
Antártica

地球
terra

陸
país

海
mar

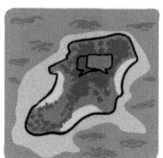

島
ilha

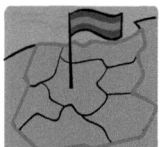

国家
nação

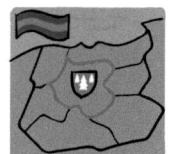

国家
estado

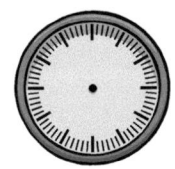

文字盤

mostrador do relógio

短針

ponteiro das horas

長針

ponteiro dos minutos

秒針

ponteiro dos segundos

何時ですか？

Que horas são?

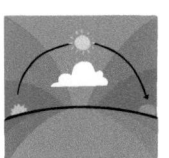

日

dia

時間

tempo

現在

agora

デジタル時計

relógio digital

分

minuto

時間

hora

週

semana

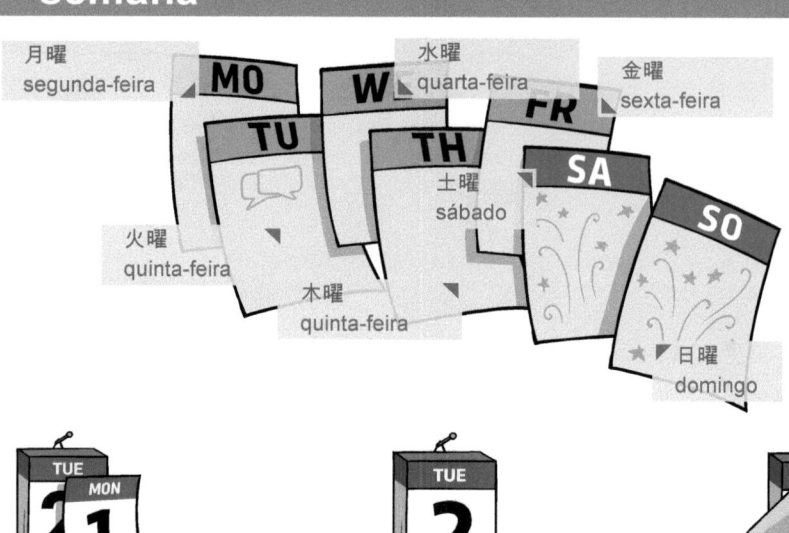

月曜
segunda-feira

水曜
quarta-feira

金曜
sexta-feira

火曜
quinta-feira

木曜
quinta-feira

土曜
sábado

日曜
domingo

昨日
ontem

今日
hoje

明日
amanhã

朝
manhã

昼
meio-dia

夜
entardecer

営業日
dias úteis

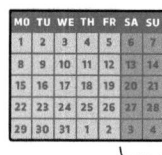

週末
fim de semana

年

ano

雨
chuva
虹
arco-íris
風
vento
雪
neve
春
primavera
夏
verão
秋
outono
冬
inverno

4.APRIL 11°
5.APRIL 4°
6.APRIL 13°
7.APRIL 8°
8.APRIL 10°

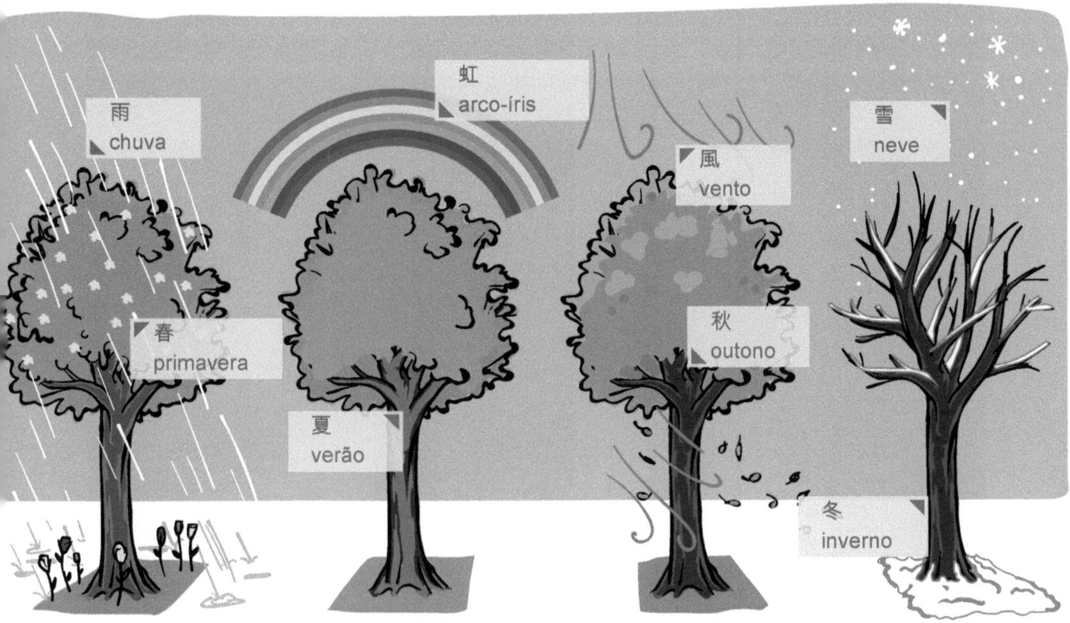

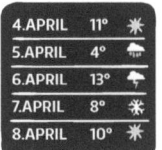

天気予報

previsão do tempo

F C
120 40
90 30
60 20
30 10
0 0
-30 -10
-20

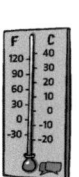

温度計

termómetro

日差し

raios de sol

雲

nuvem

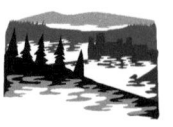

霧

neblina / nevoeiro

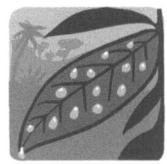

湿度

humidade do ar

雷

relâmpago

雷

trovão

嵐

tempestade

ひょう

granizo

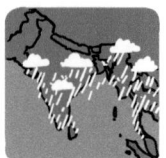

季節風

monção

洪水

inundação

氷

gelo

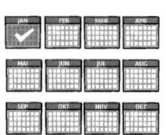

1月

janeiro

2月

fevereiro

3月

março

4月

abril

5月

maio

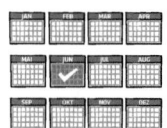

6月

junho

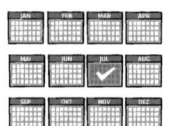

7月

julho

8月

agosto

9月
·············
setembro

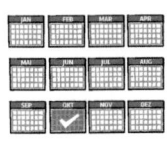

10月
·············
outubro

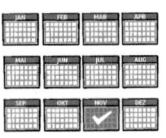

11月
·············
novembro

12月
·············
dezembro

形

formas

円
·············
círculo

正方形
·············
quadrado

長方形
·············
retângulo

三角
·············
triângulo

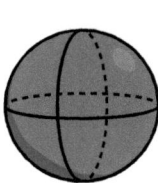

球
·············
esfera

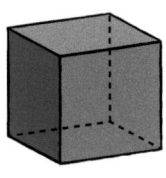

立方体
·············
cubo

白
branco

黄
amarelo

オレンジ
laranja

ピンク
rosa

赤
vermelho

紫
lilás

青
azul

緑
verde

茶
castanho

灰色
cinzento

黒
preto

多い ／ 少ない

muito / pouco

怒っている／
落ち着いている
furioso / calmo

美しい ／ 醜い

lindo / feio

初め ／ 終わり

princípio / fim

大きい ／ 小さい

grande / pequeno

明るい ／ 暗い

claro / escuro

兄弟 ／ 姉妹

irmão / irmã

清潔な ／ 汚い

limpo / sujo

完全な ／ 不完全な

completo / incompleto

日中 ／ 夜

dia / noite

死んだ ／ 生きている

morto / vivo

幅広い ／ 狭い

largo / estreito

食べられる　/
食べられない
comestível / não comestível

悪意のある　/　親切な
mau / gentil

興奮している　/
退屈じでいる
entusiasmado / entediado

太った　/　痩せた
gordo / magro

最初に　/　最後に
primeiro / último

友人　/　敵
amigo / inimigo

いっぱいの　/　空の
cheio / vazio

硬い　/　柔らかい
duro / macio

重い　/　軽い
pesado / leve

空腹　/　喉の渇き
fome / sede

病気の　/　健康な
doente / saudável

違法な　/　合法な
ilegal / legal

賢い　/　愚かな
inteligente / burro

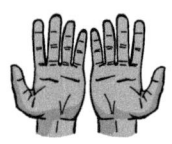

左に　/　右に
esquerda / direita

近い　/　遠い
perto / longe

新しい / 中古の

novo / usado

何もない / 何かある

nada / algo

老いた / 若い

velho / jovem

オン / オフ

ligado / desligado

開いている /
閉まっている
aberto / fechado

静かな / うるさい

baixo / alto

裕福な / 貧乏な

rico / pobre

正しい / 間違っている

certo / errado

粗い / なめらか

áspero / liso

悲しい / 幸せな

triste / feliz

短い / 長い

curto / longo

ゆっくり / 速い

lento / rápido

濡れた / 乾いた

molhado / seco

温かい / 冷たい

ameno / fresco

戦争 / 平和

guerra / paz

0

ゼロ

zero

1

1

um

2

2

dois

3

3

três

4

4

quatro

5

5

cinco

6

6

seis

7

7

sete

8

8

oito

9

9

nove

10

10

dez

11

11

onze

12

12
doze

13

13
treze

14

14
catorze

15

15
quinze

16

16
dezasseis

17

17
dezassete

18

18
dezoito

19

19
dezanove

20

20
vinte

100

100
cem

1.000

1000
mil

1.000.000

100万
milhão

言語
idiomas

英語

inglês

アメリカ英語

inglês americano

中国標準語

chinês mandarim

ヒンディー語

hindi

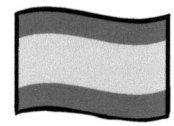

スペイン語

espanhol

フランス語

francês

アラビア語

árabe

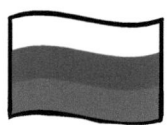

ロシア語

russo

ポルトガル語

português

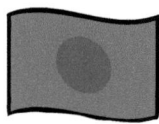

ベンガル語

bengalês

ドイツ語

alemão

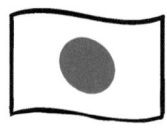

日本語

japonês

私

eu

あなた

tu

彼 / 彼女 / それ

ele / ela

私たち

nós

あなたたち

vós

彼ら

eles / elas

誰？

quem?

何？

o quê?

どうやって？

como?

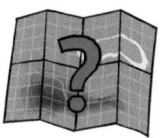

どこ？

onde?

いつ？

quando?

名前

nome

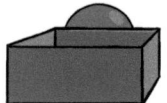

後ろ

atrás

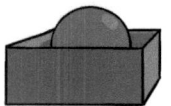

中

em

前

à frente de

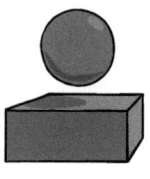

上

sobre

上

em cima

下

debaixo

横

ao lado

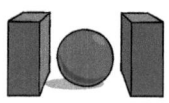

間

entre

場所

lugar